BERND MÖNKEBÜSCHER

*Gott
schaut
zu uns
auf*

Weihnachten –
das Fest der Umkehr

BERND MÖNKEBÜSCHER

Gott schaut zu uns auf

Weihnachten – das Fest der Umkehr

echter

Das Honorar wird überwiesen an die
Pfarrei St. Agnes in Hamm

Bibliografische Information der Deutschen Nationalbibliothek
Die Deutsche Nationalbibliothek verzeichnet diese Publikation
in der Deutschen Nationalbibliografie; detaillierte bibliografische Daten
sind im Internet über ‹http://dnb.d-nb.de› abrufbar.

1. Auflage 2019
© 2019 Echter Verlag GmbH, Würzburg
www.echter.de

Umschlag: wunderlichundweigand.de (Umschlagfoto: gettyimages)
Satz: Crossmediabureau
Druck und Bindung: CPI – Clausen & Bosse, Leck
ISBN 978-3-429-05414-4

Inhalt

Vorwort

„Wir schauen auf zu dir", beten wir mitunter, singen vom „Gott in der Höh". Unsere Ehrfurcht vor der unendlichen Größe Gottes findet darin Ausdruck.

An Weihnachten hingegen feiern wir Gott auf der Erde. Im neugeborenen Jesus erblicken wir den Gott, der zu uns aufschaut, der ein werdender Gott ist in dem Maß, wie ihn Menschen groß werden lassen.

Dieser Wesenszug wird Jesus bleibend anhaften. Als Leute eine Frau herbeischleppen, die des Ehebruchs schuldig war, überliefert der Evangelist Johannes: Jesus bückte sich und schrieb in den Sand. Und aus dieser gebückten Haltung heraus spricht er sie frei. Nie spielt er sich zum thronenden Richter auf, immer begegnet er an der Seite der Gebückten und Schwachen. Spätestens mit der Geburt Jesu, mit dem Glauben, dass uns in Jesus Gott begegnet, findet die Vorstellung vom „Gott in der Höh" ein Gegengewicht. Eigenschaften, die wir mit Gott verbinden – groß, allmächtig, allherrschend –, finden wir im neugeborenen Jesus nicht, sondern das Gegenteil: klein, ohnmächtig, dienend. Weihnachten ergänzt, korrigiert unser Gottesbild. Und weil die Eigenschaften so gegensätzlich sind, verstehen wir, warum eines der Zehn Gebote geradezu verbietet, sich ein Bild von Gott zu machen.

Gott schaut zu uns auf. Groß ist der Gedanke Gottes vom Menschen: vieles von dem, wer und wie wir sein können, ist noch unentdeckt, noch unentfaltet. Darum brauchen wir unsere christlichen Feste immer wieder, weil sie uns zu sehen helfen, wer und wie wir sein können. Wir brauchen sie, weil sie so unterschiedlich von Gott sprechen, so dass er in seiner unendlichen Größe und in seiner übersehbaren Winzigkeit in kein Bild passt.

Advent ist, wenn von außen
Türen geöffnet werden

Eigentlich ist die Geschichte Gottes mit uns Menschen
eine Aufmachgeschichte.
Wir lesen in der Bibel von Menschen, die sich aufmachen:
Abraham, der weggerufen wird aus seiner Heimat,
Mose, der das Volk Israel ins Gelobte Land führt,
Propheten, die sich aufmachen, um zu verkünden,
Maria, die sich aufmacht zu ihrer Verwandten Elisabeth,
Gott selbst.
Und allen gemeinsam ist:
Längst bevor sie sich auf den Weg machen,
Boden unter die Füße nehmen,
haben sie sich innerlich aufgemacht.

Haben sich aufgemacht – oder aufmachen lassen?
Der 1945 im KZ Flossenbürg
hingerichtete Dietrich Bonhoeffer
schreibt 1943 im Gefängnis:
„Eine Gefängniszelle, in der man wartet, hofft,
lauter unwesentliche Dinge tut
und in der alles davon abhängt,
dass die Tür zur Freiheit von außen geöffnet wird,
ist kein schlechtes Bild vom Advent."

Advent ist, wenn von außen Türen geöffnet werden.
Manchmal sind wir in uns so verschlossen,
dass es selbst Menschen von außen schwer haben,
diese Tür zu öffnen.
Dass Gott selbst sich in Jesus zu uns Menschen aufmacht,
begründet die Theologie mit dieser Verschlossenheit:

dass wir so in uns gefangen sind,
dass nur jemand von außen
Licht in unsere Dunkelheit bringen kann,
dass nur jemand von außen
den Schlüssel hat, um unsere Herzenstür zu öffnen.

Ich bin die Tür,
sagt Jesus an einer Stelle im Evangelium.
Und im Buch der Offenbarung:
Ich habe vor dir eine Tür geöffnet,
die niemand mehr schließen kann.
Wenn wir in diesen Tagen singen:
Macht hoch die Tür, die Tor macht weit,
dann ist das zunächst eine Erinnerung daran,
dass Gott selbst uns das Leben erschließt,
indem er sich aufmacht zu uns,
indem er selbst aufgemacht ist für uns.
Ein – mitunter etwas kitschig dargestelltes – Bild dafür
ist das Bild des Herzens Jesu,
das für die Menschen weit geöffnete Herz.

Wenn wir
Menschen nach dem Bild und Gleichnis Jesu sein wollen,
gehört das Aufmachen wesentlich dazu:
das sich Zueinander-Aufmachen,
die offene Begegnung,
das offene Wort,
die Offenheit für Hilfesuchende.
Im Aufmachen steckt das Wort *Auf.*
Auf hat mit aufstehen, sich erheben zu tun.
Das Aufmachen Gottes erhebt den Menschen,
holt ihn ins Leben.

Und Menschen, die sich zueinander aufmachen,
sind nicht weniger Heb-ammen.
Sie holen ins Leben,
sie erhellen,
sind Licht-blicke.

Unser Leben, das Leben von uns Menschen mit Gott,
bleibt eine Aufmachgeschichte!

Wo ist dein Platz?

Wo ist dein Platz?

1. Advent; LjC, Lk 21,25–28.34–36

Wo ist dein Platz?
Insbesondere junge Menschen fragen nach ihrem Platz –
mit Blick auf ihre Berufswahl,
mit Blick auf gesellschaftliche Entwicklungen.
Diese Platzfrage ist aber nicht an ein bestimmtes Alter gebunden.
Die Veränderungen des Klimas etwa
oder persönliche Lebenseinschnitte
lassen für viele
die Frage nach dem eigenen Platz hochkommen.
Wir fragen nach dem Wo:
wo wir bleiben und sein werden,
aber wir fragen auch nach dem Wie.

Wie nimmst du deinen Platz ein:
in der Welt, in deiner Umgebung, in deinem Leben?
Hältst du ihn aus, deinen Lebensplatz,
den Ort, der dir zugedacht ist, die Familie, die deine ist,
die Beeinträchtigungen und Veranlagungen,
die dich von Geburt an ausmachen, vielleicht stören,
die Menschen, die „deinen Alltag" bedeuten,
die Gedanken, die dir durch den Kopf schießen,
dein Aussehen und deine Gestalt, die dir gegeben sind,
dich selbst und die Angst, die deine Begleiterin ist?

„Rausch und Trunkenheit und die Sorgen des Alltags"
verwirren, beschweren das Herz – hören wir.
Aber mitunter ist er nicht auszuhalten,
dein Platz, mein Platz,
wir brauchen Ablenkung, wollen uns nicht immer spüren,

wollen lieber leicht sein wie eine Feder, fliegen.

Darum:

ein Glas Wein mehr bei dem einen,

ein Süßigkeitsrausch bei der anderen,

Zerstreuung im Internet oder am Fernsehen

oder was sonst trunken macht und den Alltag weicher ...

Dennoch: Dein Lebensplatz bleibt –

und du nimmst dich selbst überallhin mit.

Man kann sich das Leben

weder schön trinken noch schön essen,

jedem Rausch folgt die bittere Ernüchterung.

Angst, Erschütterungen, Ratlosigkeit, Bestürzung,

Toben und Donnern des Meeres,

also unkontrollierbare Gewalten,

sind dem Leben nicht fremd.

Wie hältst du aus, du zu sein:

da, wo du bist – und so, wie du bist?

Das Evangelium ermutigt uns, drängt uns,

die Welt, die Gegenwart, das eigene Leben

ungeschminkt zu sehen,

nüchtern und frei von dem,

was dir gerade durch den Kopf geht,

denn vieles von dem,

was heute so wichtig oder so unlösbar erscheint,

ist morgen verflogen.

Richte dich auf an deinem Platz, erhebe dein Haupt.

Den Kopf hängen lassen kennen wir,

das Gefühl, dass nichts mehr geht,

nichts zu ändern ist, die Kraft fehlt, der Mut, der Rückhalt.

Wer den Kopf hängen lässt, sieht zu Boden,

sieht auf das, was er zur Genüge kennt,
sieht sich selbst,
die dunkle Erde, die Schwerkraft.
Das erhobene Haupt hat einen anderen Blick:
einen in die Weite,
einen über das Gegebene hinaus,
ein Blick, der im wahrsten Sinne des Wortes „über-sieht"
und dadurch einen Überblick bekommt.
Sosehr der Platz, der Lebensplatz, uns zugedacht ist,
sosehr die Wirklichkeit uns manchmal einbetoniert,
die Betonwände unseres Alltags haben Fenster.
Und in unser Leben fällt das Licht der Verheißung,
die Kunde des Glaubens, der Strahl der Hoffnung:
Advent eben.

Richte dich auf an deinem Platz, erhebe dein Haupt.
Weil es einen Grund gibt, genau hinzuschauen;
weil Licht am Horizont auftaucht,
weil die Geschichte Gottes mit den Menschen
noch nicht zu Ende ist,
sondern im Anfang steckt.

Erneute Platzsuche
2. Advent; LjC, Lk 3,1-6

Wo ist dein Platz?
Wir hören von Johannes, dem Täufer.
Er bekommt seinen Platz zugewiesen:
kein Honigschlecken für ihn, wie wir wissen;
ein Platz, ein Ruf, der ihm das Leben kostet.
Ob er sich diesen Platz wohl selbst ausgesucht hätte,
wenn er von Anfang an um alles gewusst hätte?

Plätze werden zugewiesen.
So ist das zumindest in der Bibel –
wir nennen das Berufung.
Leben und Ort sind zugedacht.

Aber wie ist das bei Menschen,
die sich aufmachen, das Weite suchen?
Entscheiden wir nicht selbst über unsere Aufenthaltsorte,
entscheiden wir nicht, wo unser Platz ist?
Ich denke an manche Beziehungen,
wo Menschen zu Beginn ihrer Ehe zueinander gesagt haben:
Mein Platz ist an deiner Seite.
Und es hat gestimmt – für eine Zeit lang,
bis ihre Ehe zerbrach.
Ich entsinne mich eines Gespräches,
bei dem eine erwachsene Frau über ihren Vater sagte:
Sein Platz war nicht die Familie,
eigentlich wollte er auch keine Kinder;
und damit hatten weder die Kinder noch der Vater
Platz in der Familie.

Und ich stelle mir
die inneren und äußeren Auseinandersetzungen
von Menschen vor,
deren geschlechtliche Zuordnung nicht eindeutig ist,
die das Gefühl haben, im falschen Körper zuhause zu sein.

Wo ist dein Platz?
Johannes nimmt den zugewiesenen ein –
und hält ihn aus, bis zum Ende.
Aber die Bibel selbst kennt Beispiele,
in denen sich Plätze ändern:
Petrus wird weggerufen von seinem Arbeitsplatz als Fischer,
Moses, der große Mann des Ersten Testaments,
scheint seinen Platz gar nicht richtig zu finden:
zuerst ausgesetzt in einem Binsenkorb,
nach dem Mord an einem Ägypter auf der Flucht,
dann das Volk Israel durch die Wüste führend,
und am Ende darf er das Gelobte Land
nur aus der Ferne schauen.
Lebensgeschichten – so verschieden, wie es Menschen gibt.

Von außen kann niemand sagen: Das ist dein Platz.
Eher ist es so, dass uns die Frage begleitet:
Bin ich noch richtig hier an dieser Stelle?
Ist das noch mein Platz
in der Familie oder in der Beziehung, in der ich lebe,
an meinem Arbeitsplatz,
in der Kirche,
in der Stadt, in der ich wohne,
in dem Haus, dessen Wände mich umgeben?

Ich glaube nicht,
dass wir immer freie Platzwahl haben wie im Theater,
wenn der Kartenvorverkauf gerade erst beginnt.
Dafür sind schon zu viele Karten verkauft,
dafür ist schon zu viel geschehen
im eigenen Leben und im Leben vor uns;
übrigens etwas, was die alte Lehre der Kirche Erbsünde nennt,
womit sie meint:
Menschen sind nie ein unbeschriebenes Blatt,
immer schon sind sie geprägt von allem:
der Umwelt, den eigenen Eltern,
den Belastungen und den Eigenheiten, die sie ausmachen.
Alles schlägt sich nieder, schreibt sich ins Leben ein –
und macht unfrei.
Viele der – für noch so frei gehaltenen – Entscheidungen
entlarven sich am Ende als unfrei,
und wir sehen auf einmal, was es war,
das uns zu einer Wahl oder Entscheidung
gedrängt und gezogen hat.

Johannes der Täufer hat einen Vorschlag:
die Taufe der Umkehr zur Vergebung der Sünden.
Wer umkehrt, hält an, unterbricht, besinnt sich,
schaut, in welch eine Richtung er geht.
Wer umkehrt, macht sich erneut auf Platzsuche.
Und wer sich dazu noch taufen lässt,
bekommt die Zusage eines neuen Anfangs,
den wir nicht nur einmal brauchen,
sondern immer wieder –
denn getauft sein heißt:
an der Seite Jesu immer neu anfangen dürfen.

Gebt anderen Platz!
3. Advent; LjC, Lk 3,10–18

Wo ist dein Platz?
Die Leute, die zu Johannes dem Täufer kommen,
fragen nach ihrem Platz, nach ihrer Rolle im großen Ganzen:
Was sollen wir tun?
Wo ist mein Platz, meine Aufgabe in der Heilsgeschichte
oder im Miteinander der Menschen?
Und Johannes antwortet: Gebt anderen Platz!
Wer zwei Gewänder hat,
gebe eines davon dem, der keines hat.
Egal, warum du zwei Gewänder hast,
ob zugefallen oder verdient,
gib eins davon dem, der keines hat.

Die Suche nach dem eigenen Platz
hat immer mit der Frage nach dem Platz der anderen zu tun.
Gerechtigkeit kommt nicht von selbst,
sie muss geschaffen werden;
Frieden kommt nicht von selbst,
er muss gebaut werden.
Die ARD-Themenwoche Gerechtigkeit
fragte im November 2018:
„Ist es gerecht, dass Frauen im Schnitt 21 % weniger verdienen?
Dass Bildungschancen von sozialer Herkunft abhängen?
Dass soziale Berufe verhältnismäßig schlecht bezahlt werden?"
Was wir gewohnt sind oder was schon immer so wahr,
muss nicht gerecht und richtig sein.

Die Frage nach der Gerechtigkeit,
nach dem eigenen Platz und dem Platz der anderen,

ist so alt wie die Bibel.

Sie besteht so lange, wie es Menschen gibt.

Kain ringt um seinen Platz,

weil er seinen Bruder Abel in der Gunst Gottes höher sieht.

„Der Herr schaute auf Abel und sein Opfer,

aber auf Kain und sein Opfer schaute er nicht", heißt es.

Und Kain erschlägt seinen Bruder.

Die Bibel ist eine Lerngeschichte der Menschen mit Gott:

So wie Kain Gott wahrnimmt, ist *dieser* eben nicht.

Sein Blick auf die Menschen ist nicht so,

dass er den einen Menschen dem anderen vorzieht.

Wäre Gott so, das erzählt die Geschichte von Kain und Abel,

riefe dies Neid hervor, Konkurrenzdenken

und ließe die Menschlichkeit schrumpfen,

weckte den Hass und den Mörder in jedem Menschen.

Wo ist dein Platz? Wo ist der Platz des anderen?

Der Himmel, also das Leben mit Gott, ist keine Stufenanlage,

wo Menschen auf unterschiedlichen Stufen angeordnet sind

je nach ihren Verdiensten.

Wohl aber erblicken wir in Jesus den,

der sich gerade zu jenen Menschen gesandt weiß,

die benachteiligt sind oder werden,

die am Rand der Gesellschaft stehen und ausgestoßen sind.

Das Reich der Gerechtigkeit, der Liebe und des Friedens

kommt nicht von selbst, es muss gebaut werden.

Jede und jeder ist gefragt:

Wem gibst du Platz in deinem Leben?

Wem verhilfst du zu mehr Gerechtigkeit?

Im Glauben geht es nie nur um meine Gottesbeziehung,

nie nur um meine Seelenspeise,

es geht genauso um die anderen,

um Menschen, mit denen ich Besitz oder Brot teilen kann.
Glaube ist Tat.
Das Christentum ist keine Lehre, sondern Praxis.

Genauso glauben wir das Handeln Gottes:
Mit Jesus baut er kein Kloster,
aber er teilt sein göttliches Leben mit uns,
damit wir Anteil daran finden.

Wozu Johannes aufruft
und hinter dem er und wir alle weit zurückbleiben,
das wird in Jesus Wirklichkeit.

Platzwechsel

4. Advent; LjC, Lk 1,39–45

Wo ist dein Platz?
Maria verlässt ihren Platz.
Sie macht sich auf den Weg.
Sie hält nichts mehr – wie denn auch.
Der, den sie unter ihrem Herzen trägt, hält sie.
Von Anfang an lernt sie an der Seite Jesu,
dass das mit den festen Plätzen so eine Sache ist.
Maria kann sich nicht festsetzen,
immer wieder bricht sie auf,
um eben die zu sein, die sie ist.
Sie muss sich neu orientieren
mit dieser unerwarteten Schwangerschaft,
mit der Geburt unterwegs,
mit den mitunter kühlen Ansagen ihr gegenüber
aus dem Mund Jesu
und ganz bestimmt unter dem Kreuz.
Im Magnificat, ihrem großen Lobgesang,
bringt sie auf den Punkt, wie sie Gott glaubt
und was sie mit ihm erlebt:
einen Platzwechsel.
Er stürzt die Mächtigen vom Thron
und erhöht die Niedrigen.
Gott selbst vergibt die Plätze,
und diese Platzvergabe
erfolgt nach anderen Gesetzmäßigkeiten
als den unseren.
In Jesus holt er Menschen vom Rand in die Mitte,
gibt und vergibt nicht nach Verdienst,
sondern nach Bedürftigkeit.

Wo ist dein Platz?
An diesem 4. Advent
mit einem ausgesprochenen Frauenevangelium im Ohr
ist es nicht weit hergeholt,
die Frage nach dem Platz von Frauen in der Kirche zu stellen.
So sagte zum Beispiel Schwester Philippa Rath
aus dem Eibinger Kloster St. Hildegard in einem Interview:
„Viele Frauen sind am Ende ihrer Geduld.
Ich würde es sogar noch deutlicher formulieren:
Die Frauenfrage könnte sehr bald
zu einer Frage von Sein oder Nichtsein
für unsere Kirche werden."

In der Tat ist es seltsam,
dass Frauen, wenn sie von kirchlichen Ämtern sprechen,
stets Macht unterstellt wird, Männern nicht.
Immerhin fordern die Generaloberinnen von 34 Frauenorden
aus Österreich, Deutschland, der Schweiz und Luxemburg
mehr Mitbestimmung von Frauen in der katholischen Kirche.
Es verstehen immer weniger, wenn gesagt wird:
„Die Kirche sieht sich daran gebunden,
dass Jesus bei der Einsetzung des Priestertums
im Abendmahl ausschließlich Männer wählte."
Die eindeutigste Aussage an einer solchen Formulierung ist,
dass das ganze Problem auf Gott selbst projiziert wird
und man getrost fragen kann:
Was soll das für ein Gott sein,
der für bestimmte Dienste und Aufgaben
eine Geschlechterabhängigkeit vorsieht?
Der Begabungen und Charismen unterschiedlich verteilt
und dabei Rücksicht nimmt, ob es Frauen oder Männer sind?
Und wenn die Begründungszwänge ganz eng werden,

muss letztlich die Rede
vom unergründlichen Ratschluss Gottes herhalten.

Wo ist dein Platz?
Unsere Kirche selbst braucht einen Platzwechsel,
weg vom vermeintlich sicheren Wissen darüber, was Gott will,
hin zu einem tastenden Aufbruch des Vertrauens darin,
dass die Herausforderungen
und die Bedürftigkeit in der Gegenwart
einen Weg weisen.
Unergründlich sind die Ratschlüsse Gottes ja wirklich,
aber ergründlich und begründbar ist,
dass die Kirche mit ausgrenzenden Argumenten
nicht überleben kann,
sie stirbt damit.

Schließlich wollen wir wieder das Fest feiern,
dessen großer Inhalt der Platzwechsel Gottes selbst ist:
In Jesus verlässt er seinen himmlischen Platz.
Weihnachten bedeutet, an den Gott zu glauben,
dessen Platz an der Seite der Menschen ist,
unabhängig von Geschlecht, Alter und Religion.

An der Krippe haben alle Platz
Weihnachten

Wo ist dein Platz?
Viele unserer Lebensprobleme sind „Platzfragen".
Menschen auf der Flucht suchen einen Platz,
der der ihre werden kann.
Menschen in den Ländern, die Flüchtende aufnehmen,
haben Angst, wie sich dadurch ihr eigener Platz verändert.
Platzangst ...
Auch und gerade die Frage: Wer bin ich?
ist immer mit der Frage verbunden, wo ich meinen Platz finde,
wo ich sein und leben und mich entwickeln kann.
Wir brauchen unseren Lebensraum, unseren Rückzugsort,
unser Refugium, den Ort, den Platz, wo wir ganz bei uns sind.
„Ruhe-Platz" ist im biblischen Sprachgebrauch der Ort,
wo alles passt und stimmt.
„Du führst mich zum Ruheplatz am Wasser",
beten wir mit dem 23. Psalm.
Diesen Ort, diesen Platz, diese Bleibe,
wo alles passt und stimmt,
sehen wir in Gott,
denn in unserem Miteinander, in unserem Leben
passt und stimmt nicht alles.

Wo ist dein Platz?
Auch in unserer Kirche passt und stimmt nicht alles.
Der Umgang mit den Missbrauchsopfern zeigt es.
Und manches andere zeigt, was nicht passt:
Wenn Lesben und Schwule vom Papst hören müssen,
sie seien eine Modeerscheinung,
wird ihnen in der Kirche Platz genommen.

Und wenn gesagt wird, „diese Art von Zuneigung"
habe im geweihten Leben und im priesterlichen Leben
keinen Platz,
„wie muss", um den Jesuiten Klaus Mertes zu zitieren,
„die Behauptung in den Ohren von homosexuellen
Ordensfrauen, Ordensmännern und Priestern klingen,
die täglich ihren guten Dienst in der Kirche tun,
zum Wohle vieler Menschen und auch der Kirche?
Die Behauptung,
‚diese Art von Zuneigung' habe keinen Platz,
ist ... ein diskriminierender Akt ... der Ausgrenzung –
letztlich gegenüber allen Homosexuellen in der Kirche."
Ebenso passt die – zwar päpstlich,
aber nicht menschlich gelöste –
Antwort auf die Frage
nach der Rolle von Frauen in der Kirche nicht.
Die fehlende Wertschätzung von Menschen,
die sich nach einer Scheidung neu verlieben, passt nicht;
eigentlich die fehlende Wertschätzung all jenen gegenüber,
die anders glauben oder denken.

Wo ist dein Platz?
Gott sei Dank, der Platz an der Krippe
ist für alle freigehalten,
anders als der Platz in der Kirche.
Von daher verstehen wir den Evangelisten Lukas sehr gut,
wenn er in seinem Weihnachtsevangelium schreibt:
In der Herberge war kein Platz.
Die so grenzenlose Liebe Gottes,
die Güte und Menschenfreundlichkeit,
sprengt jede Grenze.
Kein Haus aus Stein, keine Kirche wird ihr zur Herberge,

es sei denn, sie lebte diese Liebe grenzenlos,
sie schlösse niemanden aus,
sie böte jeder und jedem Lebensraum,
in dem sie und er sich entwickeln kann mit dem,
was von Gott selbst mitgegeben ist.

An der Krippe, bei Jesus, bei Gott haben alle Platz.
Dafür ist er Mensch geworden,
hat Wohnung, hat Platz bei uns genommen.
In Jesus hat *der Mensch* Platz, Raum bei Gott,
und zwar jede und jeder.
Die Weihnachtsbotschaft, die Liebe und Zuwendung Gottes,
richtet sich nicht an Menschen
einer bestimmten Konfession oder Religion,
sie richtet sich nicht an besonders Auserwählte,
sie richtet sich an die Menschen seines Wohlgefallens.

Aber wer kann schon von sich behaupten wollen,
dass er Gott gefällt?
Viele Menschen gefallen ja nicht einmal sich selbst!
Niemand kann sich selbst Gott wohlgefällig machen,
dafür sind wir alle Sünderinnen und Sünder.
In einem der Hochgebete beten wir nicht umsonst:
Er, Jesus, mache uns auf immer zu einer Gabe,
die dir – also Gott – wohlgefällt.
Die Wohlgefälligkeit des Menschen vor Gott
ist nicht Akt unserer Anstrengung,
sondern sie liegt im Leben Jesu,
in dem uns Gottes liebevoller Augenblick begegnet,
der auf jedem Menschen ruht.
Dieser liebevolle Augenblick ist Gottes ständiges Platz-,
sein ständiges Raumangebot.

Wir sind und bleiben Platzsuchende
Weihnachtsmorgen

Mein rechter, rechter Platz ist leer ...
Die Reise nach Jerusalem:
Sicherlich kennen Sie beide Spiele,
in denen es um Plätze geht:
in dem einen darum, sich jemanden herbeizuwünschen,
in dem anderen Spiel ist es der Kampf um einen Sitzplatz.

Wo ist dein Platz?
haben wir uns in den Adventswochen
auf unterschiedliche Weise gefragt,
denn die Platzfrage beschäftigt uns
nicht nur in Kinderbewegungsspielen
oder bei Monopoly,
wenn es darum geht, Straßen und Plätze zu erwerben.
Wir möchten einfach einen *guten* Platz:
im Theater, im Konzert, im Kino,
in der Kirche, bei der Arbeit,
da, wo wir wohnen, im Leben anderer Menschen.
Und wir wünschen uns besonders einen guten Platz,
wenn wir krank sind
oder uns selbst nicht mehr helfen können,
wenn wir sterben müssen.
Zwei Jünger im Evangelium, Jakobus und Johannes,
stellen sich ebenfalls eine Platzfrage.
Sie gehen zu Jesus hin und sagen zu ihm:
Wir möchten, dass du uns rechts und links neben dir sitzen
lässt,
wenn du deine Herrschaft angetreten hast.
Egal, ob es bei der Bitte um die Frage nach der Ewigkeit geht

oder doch mehr um Herrschaft,
die Platzfrage hat immer auch mit Ellenbogen zu tun:
mit dem Verdrängen von anderen,
mit dem Sich-selbst-Behaupten.
Wo es nur um den eigenen Platz geht
und nicht auch um den der anderen,
ist es eine egoistische Frage.

Wo ist dein Platz?
Heute feiern wir die Antwort Gottes:
Sein Platz ist an der Seite der Menschen,
eines jeden Menschen.
Und weil das so ist, gilt das Umgekehrte auch:
Jede und jeder hat einen unstrittigen
und liebevollen Platz bei ihm.
Wir müssen uns diesen Platz nicht erkämpfen,
es nimmt ihn uns auch niemand weg;
er ist von Anfang an bereitet –
und es wird uns sogar gesagt,
dass er für alle Zeiten bereitet ist.
Es gibt keine ersten und keine letzten Plätze,
es gibt nur den je eigenen, den individuellen,
den persönlichen, den maßgeschneiderten.

Was ist unser Leben anderes,
als diesen Platz zu finden?
Und was ist unser christlicher Auftrag,
wenn nicht der,
anderen Menschen zu helfen,
ihren von Gott zugedachten Platz zu finden?
Der erwachsene Jesus hat so gehandelt:
Menschen vom Rand weg in die Mitte geholt,

der angeklagten Ehebrecherin wieder einen Platz gegeben.
Wir wissen, welch einen Platz dies Jesus eingebracht hat.
Wir erblicken – mehr als in der Krippe – im Kreuz den Ort,
an dem er zu finden ist:
bei den Verzweifelten,
bei denen, die an ihrer eigenen Schuld
oder an der Sünde der anderen zugrunde gehen.
„Je näher, je dichter man bei Jesus sein möchte,
umso dichter wird man am kaputten
und kaputtgemachten Leben sitzen."

Im Sommer 2018 lief in den Kinos ein Film
mit dem Titel „Love, Simon".
Ein 17-jähriger Junge wartet auf den passenden Augenblick,
seinem Umfeld mitzuteilen, dass er schwul ist.
Eines Nachts träumt er genau das Umgekehrte:
Heterosexuelle müssen sich outen
und bekommen daraufhin die Reaktionen,
die er auf sein Outing hin befürchtet.
Eine großartige Szene ist,
als er irgendwann mit seiner Mutter spricht
und sie ihm sinngemäß sagt:
„Simon, ich habe es gewusst.
Du warst dein Leben lang gedrückt.
Du warst nicht lebendig.
Ich konnte spüren, wie du die Luft anhältst.
Du kannst jetzt wieder ausatmen.
Du bist nach wie vor du."
Das ist eine religiöse Szene, ein Auftrag des Glaubens:
jemanden zu ermutigen, zu sich zu stehen.
Die Verbindung mit dem Atmen
erinnert an den Lebenshauch,

den Gott jedem Menschen einhaucht mit der Botschaft:
Du bist du. Finde es heraus. Lebe.

Wir sind und bleiben Platzsuchende
für uns selbst und mit anderen,
aber mit dem Versprechen unseres Glaubens unterwegs,
das besagt: An der Krippe – bei Gott – haben alle Platz.

Das Leben mit Gott – eine Wandergeschichte
Sonntag nach Weihnachten; LjC, Lk 2,41-52

Wo ist dein Platz?
Wieder hören wir von einer Wandergeschichte,
der Wallfahrt zum Paschafest nach Jerusalem.
Die Bibel ist voll von diesen Weggeschichten,
Weihnachten noch hörten wir eine,
wie im Grunde dieselben drei Menschen unterwegs sind,
das heißt: Maria und Josef mit jemand Drittem,
der sich da Platz verschafft hat.
Maria trägt ihn unter dem Herzen.
Denn so ist das in unserem Leben:
Da bricht immer etwas, mitunter jemand ein,
wir spüren es, erkennen es noch nicht,
denn anfänglich ist es nicht sichtbar, greifbar,
wir tragen es unsichtbar in uns, nah am Herzen,
eine Herzenssache, die Zeit braucht, Wachstumszeit;
und auf einmal
– womöglich unter nicht so glücklichen Umständen –
kommt es heraus, nimmt sichtbare Gestalt an:
Geburt.
Und alles wird anders – neu bestimmt, neu geordnet:
genau das, was wir mit Weihnachten verbinden.

In der Wallfahrtsgeschichte
wird ebenfalls alles anders, neu bestimmt.
Oder Maria und Josef lernen
und begreifen nach und nach,
dass Jesus seine eigenen Wege geht.
Sie suchen nach dem Kind,
mit dem sie losgezogen sind,

das ihnen vertraut und zugehörig ist,
und merken, dass sie es verloren haben.
Natürlich ist es auch eine Pubertätsgeschichte:
Eltern merken irgendwann,
wie ihre Kinder sich verändern, lösen,
eigene Wege gehen.
Verlustgefühle.
Hier im Evangelium ist es noch mehr:
Wusstet ihr nicht, dass ich in dem sein muss,
was meinem Vater gehört?

Wo ist dein Platz?
Der Evangelist Lukas verortet Jesus im Tempel,
und doch wird Jesus irgendwann sagen und leben,
was er im Johannesevangelium
der Frau am Jakobsbrunnen sagt:
Gott ist Geist und alle, die ihn anbeten,
müssen im Geist und in der Wahrheit anbeten.
Entscheidend sind dafür nicht Gebäude,
es ist und bleibt eine Herzenssache.

Maria und Josef spüren,
dass der ihnen Anvertraute nicht ihr Besitz ist.
Auch das, womit wir noch so eng verbunden sind,
weil wir es unter dem Herzen oder im Herzen tragen,
verändert sich, nimmt seinen Lauf.
Das Evangelium schafft es,
diese Veränderungen mit Gott in Verbindung zu bringen.
Ablöseprozesse, die Suche nach dem eigenen Platz
werden ausdrücklich mit Gott in Verbindung gebracht:
In Jesus erscheint diese Verbindung
als ein ununterbrochener Dialog mit Gott.

In dem sein müssen, was meinem Vater gehört:
Für Jesus ist das keine Raumfrage,
denn er räumt seinem Vater
den größtmöglichen Platz in seinem Leben ein.

Das Leben mit Gott bleibt darum eine Wandergeschichte.
Selbst wenn wir bestimmte Orte aufsuchen,
die uns religiös wichtig sind,
das Eigentliche, den Eigentlichen
tragen wir im Herzen.
Und da bleibt er am Werk,
so wie er am Werk war
auf dem Weg der Eltern Jesu zur Volkszählung;
macht sich bemerkbar,
kommt auf die Welt –
ohne jemals irgendjemandes Besitz zu werden.
Jesus gehört uns und der Kirche nicht,
der Glaube gehört uns und der Kirche nicht.
Der Gott, den wir mit allem Zweifel
und aller Vorsicht „unser" nennen,
„unser", weil er uns so viel zutraut und wir ihm,
bleibt ein Gott des Weges,
jeden Tag neu.

Noch eine Handbreit offen
Zum Jahreswechsel

Da sind wir noch einmal – in diesem scheidenden Jahr,
Vergänglichkeit spürend,
dem nachschauend, was war:
Ereignisse, Sonnentage, Sorgen,
Menschen, die gestorben sind.
Da sind wir – und werden uns der Zeitlichkeit,
die uns ausmacht, bewusst.

Von dem 2015 verstorbenen Priester und Poeten
Hans Günter Saul
stammt ein wunderbares Wort:
„Mich ängstigt nicht die Nacht,
der Wind und das Geräusch der Stadt,
solange nur die Tür hinaus zum Flur
und auf den Gang zu dir
noch eine Handbreit offen steht
und angelehnt ist an dein Licht."
In Jesus feiern wir die offene Tür Gottes.
In ihm schauen wir ins Licht.
In ihm finden wir einen Weg in der Zeit.

Als Kind hatte ich nachts immer furchtbare Angst.
Die Schlafzimmertür musste aufstehen:
meine und die meiner Eltern,
etwas Licht musste hindurchscheinen.
Lange Zeit reichte selbst das nicht.
Bis heute hab ich es lieber,
wenn Türen nur angelehnt sind,

wenn zumindest Zeitschaltuhren im Winter dafür sorgen,
nicht in ein dunkles Haus zu kommen.

Etwas Licht brennt.
Das ist unser Glaube, dass Licht brennt
und dass sich dieses Licht durchsetzt.
Die Ewigkeit denken wir uns im ewigen Licht,
das leuchten möge.
„Das Licht leuchtet in der Finsternis
und die Finsternis hat es nicht erfasst",
sagt der Evangelist Johannes in seinem Weihnachtsevangelium.
Schwer, manchmal gar nicht zu glauben,
wenn Ereignisse uns berühren oder gar treffen,
die wie dicke Wolken aufziehen
und das Licht verschwinden lassen.
Dann ängstigt nicht nur die Nacht,
dann scheinen die Türen verschlossen,
dann sieht es so aus, als sei nichts mehr hinter den Türen.
Das Ende der Welt sozusagen,
das Ende des Lebens,
das Ende der Hoffnung.

Heut schließt du wieder auf die Tür zum schönen Paradies –
singen wir in einem Weihnachtslied,
anlehnend an eine uralte Menschheitserfahrung,
von der die Bibel auf den ersten Seiten schon berichtet,
wenn es heißt:
Den Menschen ist der Weg ins ewige Licht versperrt,
Engel mit Flammenschwertern stehen davor,
es gibt keinen Weg ins Licht.
Und Leben wird verortet ins Tal der Tränen,
auf die Schattenseite.

Wir brauchen Türöffner wie Jesus.
Wir brauchen Menschen, die uns sagen: Die Tür ist auf,
indem sie das Licht durchscheinen lassen.
Wie sonst sollten wir ins neue Jahr gehen,
wenn nicht mit der Hoffnung:
Es wird heller auf dem Weg,
nicht dunkler,
wir gehen einer offenen Tür entgegen,
nicht einer verschlossenen,
es wird weiter um uns auf dem Weg,
nicht enger,
die Uhr läuft zwar ab,
aber wenn sie stehenbleibt, sind wir zeitlos.

An der Krippe haben alle Platz –
haben wir Weihnachten gehört,
durchbuchstabiert und lesen es immer noch.
Die Tür Gottes steht in Jesus sperrangelweit offen,
und wenn wir es nicht sehen,
liegt es vielleicht auch daran,
dass Menschen und Ereignisse
sich in den Vordergrund stellen und den Weg verdunkeln.
Bei manchen Kirchenaustritten,
die uns per Post ins Haus kommen,
frage ich mich das:
Was haben Menschen erlebt oder eben nicht erlebt,
dass sie die Kirche nicht mehr als Licht bringend erleben,
nicht mehr als glaubwürdige Verkünderin des Lichtes?
Und ich ertappe mich selbst dabei,
wie manche Erfahrungen,
manches bischöfliche Verhalten,

vielleicht auch mein eigenes
das Licht hinter der Tür nicht ankommen lässt.

Wir müssen es, wir dürfen es uns immer wieder sagen,
auch heute, auch jetzt,
um mit Vertrauen ins neue Jahr gehen zu können:
„Mich ängstigt nicht die Nacht,
der Wind und das Geräusch der Stadt,
solange nur die Tür hinaus zum Flur
und auf den Gang zu dir
noch eine Handbreit offen steht
und angelehnt ist an dein Licht."

Wir sind Weihnachten
Epiphanie

„Wir sind Weihnachten" –
vielleicht haben Sie diesen Spruch auch gehört.
Als die BILD am 20. April 2005, einen Tag nach der Wahl
von Joseph Kardinal Ratzinger zum Papst,
diese Schlagzeile druckte, war sie zumindest originell,
wenn auch grammatikalisch falsch –
und die Frage danach,
wer in der Schlagzeile das „Wir" ist,
stellte man besser nicht.
Immer wieder ist seitdem diese Schlagzeile
abgewandelt worden,
schnell entwickelte sie sich
zu einem geläufigen Ausdruck.

Muss man in unseren Tagen so formulieren,
um Botschaften zu transportieren?
Sind *wir* Weihnachten?
Natürlich sind wir
in das Geschehen von Weihnachten hineingezogen,
insbesondere dann, wenn wir uns fragen,
wie wir selbst schwanger gehen mit den Gottesworten,
wie durch uns Licht in die Welt kommt,
wie wir die Idee des Christlichen
und Christus selbst groß werden lassen.

Am heutigen Festtag stehen dafür die Sterndeuter.
Sosehr sie das geheimnisvolle Flair von Astrologen
mit Wissen aus dem Osten umgibt,
für den Schreiber des Evangeliums repräsentieren sie

die Welt der Heiden.
Weise Heiden machen sich auf.
Früher hieß es immer: Heide ist,
wer von Christus nichts weiß oder wer ungetauft ist.
Aber vielleicht haben diese Sterndeuter
viel mehr an Suche und Leidenschaft in sich getragen
als wir, die so vielfach
mit christlichen Worten Übersättigten,
die es schwer haben, diese Worte zu leben.

Weise Heiden machen sich auf.
Wir wissen, dass Weisheit nicht
aus einer unbestimmten Menge gesammelten Wissens
entsteht und besteht;
weise ist, wer um sein Nichtwissen weiß,
um die große Schwärze zwischen den Sternen,
und wer das, was er weiß,
anzuwenden vermag.
Die Sterndeuter offenbaren ihr unvollständiges Wissen,
als sie am Hof des Herodes nachfragen,
wo der neugeborene König zu finden sei.
Da durchqueren Menschen große Weiten,
und auf den letzten Metern wissen sie doch nicht weiter.
Was für eine schillernde Geschichte:
Menschen machen sich auf,
weil ihnen Lichtpunkte am dunklen Nachthimmel
zu Hoffnungszeichen werden.
Ja, wir sehen viel Dunkles in unserem Leben
und in unserer Zeit,
fühlen uns oft umnachtet,
kleben am Boden und im Sumpf des Vergangenen,
das uns nicht loslässt.

Und also wissen wir um die Kraftanstrengung,
die es bedeutet, die wenigen Lichtpunkte,
die unser Leben – weiß Gott – nicht hell machen,
dennoch als wegweisend zu sehen
und ihnen Glauben zu schenken:
an das winzige Licht der Versöhnung zu glauben,
am dunklen Nachthimmel der Kirchengeschichte
dennoch den wegweisenden Stern zu sehen,
im grauen Alltagsstaub
den Kopf nicht in den Sand zu stecken,
sondern den Spuren von Licht zu folgen,
in dem großen sinnlosen Einerlei
den Funken Sinn zu finden, der alles verändert,
den es sich lohnt, aufzunehmen, ihm nachzugehen.

Der heutige Epiphanietag,
der Tag der Erscheinung des Herrn,
verspricht ein Ziel,
verspricht, dass das Licht siegt.

„Wir sind Weihnachten" –
Ich weiß nicht, was sich die Macher dieses Slogans
gedacht haben;
muss ich auch nicht wissen,
aber ich kann dieses Wort nehmen
und daraufhin befragen,
was es an Botschaft für mich bereithält.
Jedenfalls stecken mit den Sterndeutern meine Wege darin,
das Mühsame, die oft verschlingende Dunkelheit
und all die vor-sichtigen Blicke auf den Stern, der mich zieht.
Und der feste Glaube an das Finden und Ankommen,
auch wenn oder gerade weil ich noch im Aufbruch bin.

Es ist ein Platz für dich

Taufe des Herrn

Wir brauchen eine Perspektive.
Wir brauchen einen Ausblick.
Wir hören heute von der Perspektive, die Gott gibt:
den offenen Himmel,
einen uns ansprechenden Himmel.
Eine Stimme aus dem Himmel spricht,
heißt es bei der Taufe Jesu.
Glauben beginnt damit,
sich angesprochen zu fühlen und wahrzunehmen:
Der Himmel, das Überall Gottes, sagt mir was.

Viele Worte in der Kirche,
viele Worte in der Glaubensverkündigung,
viele Worte im Alltag
sprechen uns nicht an.
Mitunter stoßen sie uns sogar ab,
wir verstehen sie nicht nur nicht,
sie machen es uns im Glauben schwer,
sie geben kein Zuhause,
keinen Impuls,
sie bewirken nichts,
und sie zerstören auch.
Bei der Taufe Jesu hören wir ein verbindendes Wort,
ein anziehendes, ein persönliches,
ein Wort voller Wohlwollen:
Du bist mein geliebter Sohn.

Christ wird,
wer die eine göttliche Stimme hört, die zuspricht:

Du bist meine geliebte Tochter,
du bist mein geliebter Sohn.
Das Evangelium meint:
Das ist eine himmlische Perspektive.
Wir glauben nicht nur
an die uns hervorbringende Mutter Erde,
wir glauben auch
an den uns ins Leben rufenden Vater Himmel.
Wir selbst werden zu Zeugen,
dass Himmel und Erde zusammenkommen
und zusammengehören.
Du bist mein geliebter Sohn,
meine geliebte Tochter.
Geliebt werden öffnet tatsächlich
einen ganzen Himmel voll Liebe und Glück
und schließt das Leben auf.

In den ersten Jahrhunderten des Christentums
vertraten manche die Ansicht,
Jesus sei erst im Moment der Taufe
als Sohn Gottes adoptiert worden.
Diese Sichtweise wurde verworfen:
Die Gottessohnschaft Jesu
ist nicht etwas irgendwann Hinzukommendes,
sie ist etwas Wesentliches.
Anders verhält es sich mit unserer Taufe:
Durch sie werden wir zu Geschwistern Jesu,
zu Kindern des himmlischen Vaters.
Bleiben wir in diesem Zusammenhang
einen Augenblick beim Bild der Adoption:
Wer adoptiert wird, bekommt einen neuen Platz
oder bekommt überhaupt einen Platz –

nicht aufgrund von Leistung,
sondern einzig schon wegen seines Daseins.

Es ist ein Platz für dich.
Das ist nicht immer die Erfahrung von Menschen,
so etwa, wenn sie sich als Störfaktor empfinden,
als nicht gewollt,
ihnen vielleicht sogar gesagt wird:
Wir wollten nur zwei Kinder –
und dann kamst du auch noch.
Menschen finden nicht immer und unbedingt ihren Platz:
werden beschnitten, weil sie Frau sind,
weil sie eine farbige Haut haben,
weil sie kleinwüchsig sind,
eine Behinderung haben,
weil sie aus der Reihe schlagen,
anders sind, irgendwie schrullig,
in Armut hineingeboren werden,
weil sie nicht gefördert werden,
mit ihren Begabungen nicht erkannt.

Es ist ein Platz für dich.
Die in der Taufe gegründete und begründete Familie Gottes
ist keine heile Familie:
Zu ihr gehören Menschen,
die Unheilvolles erfahren haben oder in sich tragen,
„Unauffällige und Schrille,
Musterfamilien und Beziehungschaoten,
Heilige und Gauner,
Asketen und Huren,
Bankiers und Müllmänner,
herzlich Fröhliche und abgrundtief Traurige,
Glaubende und Zweifelnde" (Stefan Scholz).

Zu ihr gehören Menschen, die mit der Zusage Gottes:
„Du bist mein geliebtes Kind" verbinden:
Ich darf sein mit allem, was mich ausmacht,
ich werde nicht beschnitten,
ich bin niemandem im Weg, ich störe nicht,
ich habe hier endlich einen festen Platz,
einen Entfaltungsraum.
Nicht meine Herkunft entscheidet, nicht das, was war,
sondern das, was ist.
Und das, was ist, ist: Gott nimmt an
und macht mich dadurch eigentlich erst richtig möglich.
Eine neue Geburt nennen wir das:
in der Taufe neu geboren aus Wasser und Geist.

Und komm

Und komm

1. Advent; LjB, Mk 13,24–37

Und komm.
Immer wieder rufen wir: Komm.
Aus mehrerlei Gründen.
Zunächst:
Wir glauben an einen kommenden Gott –
auch über Weihnachten hinaus.
„Reiß doch den Himmel auf und komm",
heißt es beim Propheten Jesaja,
„Der Menschensohn wird kommen" im Markusevangelium:
ein Gott, der kommt, weil er da ist,
aber noch nicht angekommen.
„Bis du kommst in Herrlichkeit"
beten wir in jeder Eucharistiefeier.

Auch wenn wir die Gegenwart Gottes betonen,
es gibt auch die Gottesferne,
ein schmerzliches Vermissen seiner Nähe.
Wenn uns die Welt, bestimmte Ereignisse, das eigene Leben
unverständlich sind und voller Fragen,
wenn wir die weite Kälte des Weltalls spüren,
wenn uns ein echter Halt fehlt,
bedrückt uns die Gottesferne besonders.
Die einen sagen darum: Ich kann nicht glauben;
die anderen schreien: Wo bist du, Gott? Wo bleibst du?

Wo bleibst du?
Wie doppeldeutig ist diese Frage,
denn sie meint einerseits:
Wo steckst du,

wo bist du noch, dass du dich verzögertest? –
und andererseits:
Wo wirst du bleiben, eine Bleibe finden,
wo kommst du an, wo kommst du unter?
Wir glauben, wir feiern,
dass Gott seine Bleibe bei den Menschen hat.

Wie paradox, wie widersprüchlich
empfinden wir Gottes Bleibe bei den Menschen:
da und doch nicht da,
angekommen und doch abwesend.
Kaum zum Aushalten.
Andererseits: Was wäre das für ein Gott,
den wir aushalten könnten?
Ist es nicht eher so, dass Gott die Menschen aushält?
Die biblische Geschichte von der Sintfluterzählung
deutet Gott so:
Auch wenn die Welt aus den Fugen geraten zu sein scheint,
auch wenn die Menschen sich mit seinem Willen schwer tun:
Gott hält Welt und Mensch aus.
Er vernichtet nicht.

Und komm – beten wir
und sagen damit:
Wir wissen zu wenig für die Welt und für uns selbst.
Wir drücken Mangel aus, Fehlen.
Eigenes Fehlen, Verfehlen,
aber auch, dass uns der fehlt, den wir als Gott anrufen.

In einer Kirche (Maria Geburt, Aschaffenburg)
hängt im Eingangsbereich eine schwarz-bronzene Halbscheibe.
Sie fragt: Lebst du halb oder ganz?

Und was fehlt dir zur Ganzheit?
Und wo suchst du danach?
Und wann wäre dein Leben ganz?
Und wer ergänzt oder kann ergänzen?

Wenn wir „Und komm" rufen,
sagen wir: Gott allein kann uns ganz machen, vollenden.
In ihm ist die Fülle.
Die erwähnte bronzene Halbscheibe
ist nicht glatt abgeschnitten,
sie wirkt auseinandergerissen.
Ein Riss geht durch die Schöpfung,
durch das eigene Leben,
als sei uns etwas abhandengeraten,
als würde noch etwas ausstehen.
Vielleicht ist die Schöpfung
so etwas wie das Auseinanderreißen
von Gott und Mensch;
und das ganze Leben begegnet uns nur zur Hälfte.

Und komm.
Die Menschen, von denen der Prophet Jesaja schreibt,
halten es nicht mehr aus, halten sich selbst nicht aus.
„Reiß den Himmel auf", rufen sie,
„wir sind wie Laub verwelkt", erkennen sie.

Auf den Märkten, in den Geschäften und in den Wohnungen
mag uns eine Üppigkeit an Dekoration nahezu erschlagen;
die Kirchen sind karg, halten offen
und weisen so darauf hin,
dass nichts und niemand
unser Leben ganz anfüllen und vollenden kann,

nur der, der gesagt hat: Er kommt.
Nur der, den wir herbeirufen:
Und komm.

Eine Stimme ruft

2. Advent; LjB, Mk 1,1-8

Eine Stimme ruft.
Der Rufende ist ganz Wort.
Er verschwindet hinter seiner Botschaft,
fast wie ein Engel,
dessen Auftrag einzig sein Wort ist.
Der Bote ist für die Botschaft da.

Eine Stimme ruft.
Es ist nicht nur eine Stimme, die an unser Ohr dringt;
es sind viele Stimmen, ein ganzes Gewirr,
es sind unterschiedliche Botschaften, die wir hören,
verwirren, unruhig machen, berieseln.
Und in uns selbst sind viele Stimmen.
„Wer bin ich und wenn ja, wie viele?",
ist der Titel eines Buches des 1964 geborenen
deutschen Philosophen Richard David Precht.
Ein Mensch ist nie nur die eine Persönlichkeit,
er hat verschiedene Gesichter.
Die große Kunst ist es, mit einer Stimme zu sprechen,
eindeutig zu werden und klar.
Ganz Stimme sein, ganz im Wort sein.

Johannes der Täufer wird so beschrieben:
als eine Stimme,
als ein Ruf und Aufruf.
Dieser Mann ist durch die Wüste gegangen,
die Sonne hat alles Überflüssige weggebrannt,
er scheint auf das Wesentliche reduziert
bis in Kleidung und Nahrung hinein.

„Nach mir kommt einer."
Er verkündet nicht sich selbst,
seine Stimme, sein Leben gelten einzig dem,
den er ankündigt.
Ihm leiht er nicht nur seine Stimme,
ihm ist er Stimme.
Wir ahnen, was Kirche ist und sein muss:
Stimme, Wort, nicht für sich selbst da,
nur für den, dem sie Stimme ist.

Eine Stimme ruft.
Sie weckt auf. Unüberhörbar. Sie macht aufmerksam.
Sie unterbricht den alltäglichen Trott,
das gewohnte Treiben.
Sie bewirkt etwas.
Menschen folgen ihr, sie stimmen zu,
als hätten sie es gebraucht,
darauf gewartet, dass einer die Stimme erhebt,
dass einer hinweist auf den Kommenden.

Eine Stimme, die sagt: Es kommt einer.
Ihr werdet etwas, ihr werdet jemanden er-leben:
den wird man nicht nur Stimme nennen,
sondern sogar das Wort selbst.
Der spricht nicht nur aus, der ist das Wort.
An Eindeutigkeit nicht zu überbieten.
Niemand kommt an ihn heran,
niemand kann ihm das Wasser reichen.
Er wird dir das Wasser reichen ...

Wichtige Ereignisse kündigen sich an;
Christus selbst kündigt sich an in Johannes,

in Menschen, die ihm Ruf und Stimme sind,
in Menschen, die eindeutig sind und sich zu verstehen geben.

Eine Stimme ruft – dich.
Wem sonst sollte sie gelten, wenn nicht dir?!
Mach es möglich,
dass Christus wahrnehmbar wird in der Welt,
dass er auf den Straßen und Plätzen
wahrgenommen werden kann.
Du selbst bist der Weg, auf dem er kommt.
„Herr, durch meine Zellentür kommst du in die Welt
und durch mein Herz zum Menschen",
betet Silja Walter im Gebet des Klosters
am Rande der Stadt.

Er kleidet mich in Gewänder des Heils

3. Advent; LjB, Jes 61,1–2a.10–11

Er kleidet mich in Gewänder des Heils ...
Wir kennen die Einkleidung
in der Tradition der Ordensgemeinschaften,
wenn in einem eigenen Ritus das Ordensgewand
an ein neues Mitglied der Gemeinschaft überreicht wird.
Neuanfang drückt sich damit aus,
aber genauso auch Zugehörigkeit.
Das Wort Habit, wie das Ordenskleid auch genannt wird,
leitet sich her von Habitus
und bedeutet Gesinnung oder Verhalten.
Es gibt eine die Ordensgemeinschaft verbindende Gesinnung,
die sich vom jeweiligen Ordensgründer herleitet.

Das Ordenskleid
wird von anderen Ordensschwestern oder Ordensbrüdern
überreicht.
Im Buch Jesaja hören wir davon,
dass Gott selbst der Einkleidende ist:
Er kleidet mich in Gewänder des Heils.
Kleidung vermittelt Schutz,
lässt uns nicht entblößt voreinander stehen;
und Kleidung sagt etwas über den Bekleideten aus.
Es gibt die Berufs- oder Dienstkleidung,
das Festtagsgewand,
die Alltagsklamotten, die Strandmode,
das Extravagante und das Schlichte.
Kleider sagen viel über uns aus:
Wer wir sind, wer wir sein möchten,
aber auch was uns gerade bewegt.

Selbst wie wir uns bewegen,
hängt oft von unserer Kleidung ab.

Gott kleidet mich in Gewänder des Heils.
Welch ein schönes, doppelsinniges Wort:
Wir sind von Gott angezogen.
Er zieht uns in seine Nähe, er zieht uns zu sich;
und: Er zieht uns an, er kleidet uns.
Was oder wer uns anzieht,
das wird äußerlich sichtbar,
das drückt sich auch im Äußeren aus.
Wir können nicht verbergen, wohin es uns zieht.

Schon zu Beginn der Bibel hören wir davon,
dass Gott den Menschen einkleidet: Adam und Eva.
Wenn Gott uns Menschen aufsucht, sozusagen ent-deckt,
dann stehen wir nicht bloßgestellt vor ihm;
die Augen Gottes ziehen nicht aus, sie ziehen an.
Sie verhüllen, was nicht jede und jeder sehen muss.

Im Gleichnis vom barmherzigen Vater lässt dieser,
als der verlorene Sohn nach Hause kommt,
das beste Gewand holen und es ihm anziehen.
Das Gewand wird zum Zeichen
der Wiederaufnahme des jüngeren Sohnes
in die geachtete Stellung als Sohn des Hausvaters.
Wieder finden wir im Bekleiden
einen Ausdruck für Zugehörigkeit und Anerkennung.
Das Beispiel des verlorenen Sohnes zeigt uns darüber hinaus,
dass es nicht um Anerkennung von Leistung geht,
sondern um eine Anerkennung von Beziehung,

von Tochter- und Sohn-Sein,
die durch nichts zerstört werden kann.

Er kleidet mich in Gewänder des Heils
er hüllt mich in den Mantel der Gerechtigkeit,
wie ein Bräutigam sich fürstlich schmückt
und wie eine Braut ihr Geschmeide anlegt.

Nicht wir machen uns schön –
Gott macht uns schön.

Empfangen
4. Advent; LjB, Lk 1,26–38

Du wirst empfangen –
sagt der Engel zu Maria.
Tagtäglich empfangen wir,
jeden Augenblick.

Wir empfangen Leben, Licht, Luft, Liebe.
Von Anfang an sind wir Empfangende,
sind überhaupt nur, weil wir empfangen wurden,
weil wir einen Platz, einen Raum
im Leben bekommen haben.

So ist das auch mit Jesus:
Maria soll Ihn empfangen,
Ihm einen Raum im Herzen und unter dem Herzen
und im Leben geben.

Empfängnis geht nur,
wenn jemand auf Empfang steht
und es etwas oder jemanden zum Empfangen gibt.

Du wirst empfangen –
das klingt gar nicht nach großer Freiwilligkeit,
eher wie die Ankündigung dessen, was geschieht.
Und so ist es auch:
das, was wir empfangen, liegt selten in unserer Hand.
Wir werden vor Tatsachen gestellt.
Dass wir sind, jede und jeder Einzelne von uns,
ist eine Wirklichkeit, die wir vorfinden,
für die wir nicht gefragt worden sind.

Und das viele, das auf uns eindringt,
auch über die Ohren in uns eindringt,
kommt ungefragt.
Krankheiten kommen ungefragt,
Beeinträchtigungen.
Manches davon können wir wieder ziehen lassen,
manches gräbt sich tief ein, setzt sich fest,
werden wir nicht wieder los.
Schlimme Erfahrungen hinterlassen Furchen, sie bleiben.

Du wirst empfangen:
Vielleicht ist das eher eine Erklärung, eine Deutung
für das, was ist,
wo wir nichts zutun können,
aber was groß und heilig werden kann,
wenn wir es annehmen und bejahen.
Maria kann nichts tun zu dem, was mit ihr geschieht,
auch das bedeutet ihre Jungfrauenschaft,
sie ist überschattet, sagt die Heilige Schrift.
Was wir umgangssprachlich eher als negativ empfinden,
„überschattet sein" im Sinn von dämpfen und verdunkeln,
wird durch die Annahme zur großen Gnade.

Die Wirklichkeit, das Geschehende
lässt nicht immer sofort erkennen,
was daraus wird, was darin enthalten ist.
Dazu braucht es Boten, Engel, Hinweisende,
die einen besonderen Blickwinkel schenken.
Der Evangelist Lukas ist der Meinung:
Maria hat ihre Schwangerschaft, die Geburt,
das Leben Jesu nur dadurch annehmen können,
dass ihr dieser besondere Blickwinkel

verkündet und gegeben wurde:
Das Kind, das du empfängst, ist heilig, Sohn Gottes.
Was heißen soll:
Die Wirklichkeit, die dir begegnet,
ist von Gott.

Das sind Engel, Botinnen und Boten,
die ein tieferes Wissen haben als man selbst;
die die entsprechende Deutung wissen
und so den Weg dafür bereiten,
dass wir wie Maria ja sagen können
zu dem, was wir empfangen.

Begegnung auf Augenhöhe?
Weihnachten

Auf Augenhöhe.
Das Ganze hat nur Sinn,
wenn wir uns auf Augenhöhe begegnen.
Nicht nur Politiker gebrauchen diese Formulierung
vor schweren Verhandlungen.
Kommunikation auf Augenhöhe
ist aktives Zuhören, Wertschätzen,
Wahrnehmen auf einer Ebene und nicht von oben herab.
Wer sich auf Augenhöhe begegnen will,
geht offen in ein Gespräch,
spricht jedem Mitredenden das gleiche Recht zu.
Keiner ist niedriger gestellt.
Ebenbürtigkeit drückt sich darin aus.

An Weihnachten sagen wir:
Gott begegnet uns in Jesus auf Augenhöhe,
von Mensch zu Mensch.
Stimmt das eigentlich?
Ich finde, Weihnachten begegnet uns Gott
nicht auf Augenhöhe;
in dem Säugling Jesus sieht er uns von unten an.
Er schaut zum Menschen hinauf,
völlig auf Hilfe angewiesen.
Gott hat in Jesus
den Blickwinkel des Kleinsten der Kleinen,
und dieser Blickwinkel zieht sich durch sein Leben.
Ich war hungrig, durstig, nackt, obdachlos,
krank, im Gefängnis,
sagt der Menschensohn

im Gleichnis vom großen Weltgericht
im Matthäusevangelium.

„Auf Augenhöhe",
heißt ein vielfach preisgekrönter Kinderfilm.
Er erzählt von dem zehnjährigen Michi,
der seit dem Tod seiner alleinerziehenden Mutter
in einem Kinderheim lebt.
Michi wünscht sich nichts sehnlicher,
als wieder bei einer richtigen Familie zu sein.
Als er eines Tages in den Hinterlassenschaften
seiner Mutter herumkramt,
stößt er auf einen ihm bis dahin unbekannten Brief.
Schnell wird ihm beim Lesen klar,
dass es sich bei dem Absender
um seinen leiblichen Vater handeln muss.
Voller Vorfreude und Aufregung macht er sich auf,
ihn zu besuchen,
und stellt ihn sich dabei als großen, starken Mann vor,
der ihn zu sich nimmt und fortan beschützt.
Doch als er ihn ausfindig machen kann,
stellt er schockiert fest,
dass sein Vater Tom kleinwüchsig ist,
ein Zwerg, fast kleiner als er selbst,
und damit für Michi
das Gegenteil von Männlichkeit und Stärke.
Die anderen Heimkinder
machen sich über Michis Vater lustig,
Michi verliert seine Freunde
und macht seinen Vater dafür verantwortlich.

Was für ein im Grunde weihnachtliches Motiv:
der Vater, der ganz anders ist als vorgestellt und erwartet,
ein Gott, der sich dem Spott aussetzt,
ein belächelter,
ein nicht ernst genommener,
einer, bei dem es einen Rollentausch gibt:
Der Beschützende wird zum Schutzbedürftigen,
der Große zum Kleinen,
der Starke zum Schwachen,
einer, der alle enttäuscht, die einen Übervater,
einen Alleskönner und Allesregler erwarten.
Dieser weihnachtliche Gott ist einer,
der alles Bisherige in Frage stellt,
für den man sich als Glaubender,
als sein Kind verteidigen muss,
selbst belächelt wird, dem Spott ausgesetzt.
„Wo ist denn nun dein Gott?",
rufen die Spötter Jesus am Kreuz zu.
Ja, wo ist er?

Im erwähnten Film stellt sich heraus,
dass Tom doch nicht Michis leiblicher Vater ist –
aber ihre Beziehung wird so stark,
dass die fehlende Verwandtschaft
sie nicht mehr in Frage stellen kann.
Es gibt etwas, das stärker ist und unerschütterlich.
Das bedeutet die Vaterschaft Gottes
und die Sohnschaft Jesu:
keine biologische Aussage,
kein Vaterschaftstest gibt darüber Auskunft,
es ist einzig und allein eine Herzensangelegenheit,
eine Beziehungsgeschichte.

Zwar sagen wir:
Blut ist dicker als Wasser,
um familiäre Verbundenheit auszudrücken;
was Gott mit Jesus verbindet,
ist mehr als das dickste Blut –
und was Menschen mit Gott verbindet,
die sich von ihm von unten,
aus der Perspektive der Kleinen ansehen lassen,
ist ebenfalls mehr als das dickste Blut.
Stärker als stark.

Auf das schauen, was sich entfalten kann
Zum Jahreswechsel

Nachdenklich schauen wir zurück.
Schon wieder ist ein Jahr um.
Eben noch steckten unsere Füße im warmen Sand,
eben noch blühten die Bäume,
eben noch gab es frische Erdbeeren.
Gerade war das Meer warm,
die Sonne auf dem Höchststand
und die Nächte mild.
Wo bleibt die Zeit?
Sie rieselt durch wie der Sand in der Sanduhr.
Diese drehen wir um,
und die Zeit beginnt wieder von vorn zu laufen.
Unsere Lebenszeit lässt sich nicht umdrehen,
sie ist einmalig, unwiederbringlich,
der Anfang kehrt nicht zurück,
Ende bleibt Ende.
Und das, woran wir uns erinnern,
lässt sich nicht wiederholen.

Die Zeit selbst interessiert das nicht.
Sie läuft, sie fragt nicht, sie ist.
Und obwohl wir sie kreislaufartig empfinden,
durchschreiten wir sie linear: vom Anfang zum Ende.
Wo ein Anfang ist, ist auch ein Ende.

Wir lassen zurück,
Tage, an denen wir die Zeit und Ereignisse in ihr
als großes Geschenk empfinden,

und Tage, an denen wir Zeit und Ereignisse in ihr
als Last und als Qual empfinden.

Obwohl wir nicht wissen, wie viel Zeit uns bleibt,
schieben wir Dinge auf, lassen manches ungenutzt,
ignorieren, dass es ein „zu spät" gibt.
Worte bleiben ungesagt,
Wertschätzungen nicht wirklich ausgedrückt,
Liebe wird zu wenig gezeigt.
Wie gut, dass es immer wieder Anlässe und Zeiten gibt,
sich die Zeit bewusst zu machen,
die verstrichene und die gegenwärtige.
Wie gut, dass es diese nachdenklichen Tage gibt,
an denen wir Erinnerungen sammeln wie Reststücke.

Schon einmal haben Menschen Reststücke gesammelt,
zwölf Körbe wurden voll mit Resten
von fünf Broten und zwei Fischen.
Reste zeigen an, was gewesen ist,
was genährt und geblüht hat.
Diese Reste, die zwölf Körbe voll Brotstücke, sagen uns,
dass Zeit erfüllt ist,
wo Menschen das, was sie haben, einbringen
und andere teilhaben lassen,
wie es der Junge im Evangelium tat
mit den fünf Broten und den zwei Fischen.

Der Blick auf das Kommende wird nicht fruchtbar,
wenn wir auf die Defizite schauen,
auf das, was war und nun nicht mehr ist,
auf den Mangel, auf das Fehlende.
Der Blick auf das Kommende wird fruchtbar,

wenn wir auf die Reserven schauen, auf das, was da ist,
was sich entfalten kann, was teilbar und mitteilbar ist.

In seinem Buch
„Ziemlich gute Gründe, am Leben zu bleiben"*
schreibt der 1975 geborene Matt Haig
von seinen starken Depressionen
und von Gründen, die ihn ins Leben zurückholten.
Worte, die auch an die Schwelle zum neuen Jahr passen.
An einer Stelle schreibt er:
„Eines Tages wirst du Glück erleben,
das genauso groß ist wie der Schmerz jetzt.
Du wirst das Gesicht eines Babys betrachten,
das in deinem Arm schläft,
du wirst große Freundschaften knüpfen,
du wirst köstliche Gerichte essen,
die du noch nicht kennst,
du wirst den Blick von einem Aussichtspunkt genießen können,
ohne darüber nachzudenken,
wie hoch die Wahrscheinlichkeit ist,
dass du stirbst, wenn du dich hinunterstürzt.
Auf dich warten ungelesene Bücher,
die dich bereichern,
Filme mit einem extragroßen Eimer Popcorn auf dem Schoß,
du wirst tanzen und lachen und Sex haben
und am Fluss laufen gehen
und nächtliche Gespräche führen und lachen, bis es weh tut.
Im Moment steckst du hier fest,
aber die Welt wartet auf dich.
Halt durch, wenn du irgend kannst.
Das Leben ist es immer wert."

---

* dtv, München 2016, S. 140

Der große Augenblick Gottes
Zum Jahreswechsel

Geburtstage,
Erinnerungen an besondere Tage,
nachdenkliche Momente,
ein Jahreswechsel:
In diesen Momenten spüren wir besonders,
wie die Zeit rennt.
Wir fragen uns, wie viele Stunden
wir achtlos haben verstreichen lassen,
wie viel Zeit wir totgeschlagen,
wie viel Zeit sinnvoll genutzt haben.
Wir können nicht jede Minute
bis ins Letzte auskosten,
es gibt auch die flachen Stunden,
die verplemperte Zeit.

In der Regel nehmen wir die Zeit gar nicht wahr,
sie läuft einfach ab, und wir bewegen uns in ihr,
ähnlich wie die Luft,
die wir atmen, in der wir uns bewegen,
ohne sie ständig wahrzunehmen.
Erst das bewusste Atmen
macht uns auf die Luft aufmerksam,
erst der Blick auf die Uhr, auf den Kalender
und mitunter der Blick in den Spiegel
lassen uns die Spuren der Zeit erkennen.

Darum brauchen wir das Innehalten,
das Unterbrechen, die Pause.
Der Sonntag hat hier seine Bedeutung als der Tag,

der die Arbeitswoche unterbricht,
ebenso der Feierabend,
das Ablegen der Arbeitsinstrumente.

Wie nehmen wir die Zeit wahr?
An der Veränderung.
Dass dem Frühling der Sommer folgt,
dass der Zeiger der Uhr wandert,
dass die Natur sich verändert und wir mit ihr.
Aber Zeit ist nicht
eine Aneinanderreihung von Sekunden oder Tagen,
Zeit ist der jeweilige Augenblick.
Nur den Augenblick können wir ganz wahrnehmen,
das, was war, ist vergangen
und nicht veränderbar,
das, was kommt, ist noch nicht da
und kann sich doch ganz anders vollziehen.
Wir wissen ja noch nicht mal,
was wir im nächsten Augenblick denken.
Zwar haben wir auch den Augenblick nicht,
aber es ist der, den wir gestalten können,
es ist der, in dem wir sogar zeitvergessen sind,
zeitlos, weil ganz in Anspruch genommen.
„Die wichtigste Stunde im Leben
ist immer der Augenblick;
der bedeutsamste Mensch im Leben ist immer der,
welcher uns gerade gegenübersteht;
das Notwendigste in unserem Leben ist stets die Liebe",
lautet ein Wort von Leo Tolstoi.
Nur im Augenblick sind wir ganz da.

Mitunter haben Worte eine doppelte Bedeutung,
die doch irgendwie zusammenhängen.
Der Augenblick ist nicht nur der einzige Moment,
in dem wir ganz da sind,
wir sind auch nur ganz da,
wenn wir den Augenblick eines anderen spüren,
wenn wir angesehen sind.
Darum sprechen wir an Weihnachten davon,
dass mit der Geburt Jesu
die Fülle der Zeit angebrochen ist,
weil uns in Jesus
der große Augenblick Gottes begegnet und ansieht.
Gott hat in Jesus ein Einsehen mit uns Menschen,
in ihm sieht er uns an.
Das gibt unserer Zeit eine andere Bedeutung,
das macht sie für uns sinnvoll und reich.
Aufmerksame Augen geben dem Leben Bedeutung,
Schönheit und Würde.

Zeit ist dann randvoll,
wenn wir uns wahrgenommen fühlen.
Übersehen werden tötet das Leben.
Wir werden geboren,
indem wir das Licht der Welt erblicken,
aber wir überleben und leben nur,
wenn wir gesehen und wahrgenommen werden.

So wie die Zeit immer da ist,
wir sie aber nicht immer wahrnehmen,
so ist auch der Augenblick Gottes immer da,
unabhängig davon, ob wir ihn stets wahrnehmen.
Aber Ewigkeit kann sich unser Glaube nicht anders denken

denn als die immerwährende Anschauung Gottes
und damit als eine Zeitfülle,
bei der es kein Danach mehr gibt –
nur diesen einen und einzigen,
die Ewigkeit währenden Augenblick.

Unser Glaube ist ein *morgendlicher* Glaube
Epiphanie

Wenn wir von *Morgen* sprechen,
dann meinen wir den Beginn eines Tages –
und wir meinen den Tag nach dem Heute,
unter Umständen sogar die Zukunft im Ganzen.

Morgenland nennt die Bibel den Ort,
wo die Sterndeuter zu Hause sind,
von wo aus sie sich aufmachen,
um den neugeborenen König zu finden.
Sie bringen den Morgen mit,
die Zukunft.
Kostbarer als ihre Geschenke ist der *Morgen* in ihrem Gepäck.
Denn so wie Gold, Weihrauch und Myrrhe
auf das Leben des neugeborenen Jesus hin gedeutet werden,
so auch der Morgen:
Indem er kommt, wird es heller.
Epiphanie nennen wir darum diesen Tag:
Gott leuchtet auf
aus den düsteren und verwirrenden Verhältnissen dieser Welt.
Er ist das „aufstrahlende Licht aus der Höhe",
gekommen zu allen,
die im Finsteren sitzen und im Schatten des Todes,
wie Zacharias dichtet
als Lobgesang über die Geburt des Johannes.

Dieses neugeborene Kind sagt uns,
dass es nicht nur das morgige Datum geben wird,
sondern überhaupt ein Morgen: Zukunft.
Daher rührt der Brauch,

dass man am heutigen Festtag
die Daten aller so genannten beweglichen Feste mitteilte:
vornehmlich, wann Ostern gefeiert wird.
Denn unser Glaube hat mit der Zukunft zu tun,
er ist ein *morgendlicher* Glaube:
Er orientiert sich am aufgehenden Licht,
am Morgenstern.

Morgen sind wir nicht nur einen Tag,
einen Schritt weiter als heute;
morgen hat das Schauen den Glauben abgelöst.
Vielleicht muss sich unser Glauben
mindestens so viel auf die Zukunft richten
wie auf die Vergangenheit;
vielleicht muss der auf uns zukommende,
der wiederkommende Christus
genauso stark in unser Blickfeld geraten
wie der damals geborene, gestorbene und auferstandene.

Die Sterndeuter bringen den *Morgen*,
den *Stern* mit zur Krippe.
Sie haben schon Licht bei sich,
das sie hinführt zum wahren Licht der Welt;
sie haben schon Orientierung in sich,
die sie einlädt und leitet.
Unser Glaube, unsere Hoffnung
sind *unser* Morgenland, aus dem wir kommen;
unser Gespür, da muss doch noch was sein,
was heller leuchtet als die Sonne in ihrem strahlenden Glanz,
sind *unser* Stern, dem wir folgen.

Ja, es hört sich nicht sonderlich religiös motiviert an
wenn wir sagen, da muss doch noch etwas sein;
aber von ausdrücklich religiösen Motiven der Sterndeuter,
die sich aufmachen, erzählt der Evangelist auch nicht.
Eher ist es ihr Alltagsgeschäft,
das sie aufbrechen lässt,
als Sterndeuter haben sie einen besonderen Stern gesehen.
Mitunter ist unsere Suche unbestimmt –
und wir werden überrascht von dem, was wir finden.

Die Erde – der aufgehende Stern
Epiphanie

Sie haben seinen Stern aufgehen sehen.
Sie hatten einen Blick für den Himmel.
Sie haben in die Ferne geschaut,
nicht nur auf das Nahe und Greifbare,
nicht nur auf das Handhabbare.
Sie haben das Aufgehende gesehen,
das Kommende, das Auftauchende.
Sie haben in den Himmelszeichen
Bedeutungsvolles für die Erde gesehen,
sie haben Himmel und Erde zusammen gesehen.
Sie haben sich aufschrecken lassen
und wurden selbst zum Erschrecken
für Herodes und ganz Jerusalem.

Anders die Gelehrten Israels.
Sie hatten die Bücher vor sich,
das aus der Vergangenheit Herrührende,
sie hatten die alten Schriften im Blick
und waren in ihrer Tinte gefangen.
Ihr Horizont endete an der Grenze des Machbaren,
darüber hinaus sahen sie nichts.
Wirklich war für sie nur, was sie kannten.
Im Grunde waren sie Hofschreiber,
lebten von König Herodes Gnaden,
sorgten für seine unantastbare Behaglichkeit,
die sie selbst gut leben ließ.
Kein Wunder,
dass sie sich durch die Magier aus dem Osten
nicht soweit haben aufschrecken lassen,

dass sie selbst auch losgezogen wären,
um zu finden, wovon sie gelesen
und worüber sie geforscht hatten.

Leben nicht beide Personengruppen als Haltung in uns?
Wir rechnen mit dem Himmel, wir glauben an ihn –
und bekommen ihn doch nicht mit der Erde zusammen.
Wir lassen uns von ihm leiten, vom Aufgehenden,
von dem, was weit weg, unbegreiflich erscheint –
und sehen es als Sinn gebend.
Wir nehmen Wege dafür in Kauf, Aufbrüche,
Wagnisse, Schrecken, überwinden Hindernisse –
und sind der Gefahr ausgesetzt, den Stern zu verlieren,
das oder den Wegweisenden nicht mehr zu sehen.
Die Deutung des Himmels aber
hängt ohne Erdung in der Luft.

Und in uns lebt die Haltung,
am Buchstaben der Geschichte zu kleben.
Darin ist zwar viel an Wissen enthalten,
aber es führt nicht weiter,
wenn der Blick in die Weite nicht dazukommt,
wenn wir nicht auch dem trauen
und uns davon leiten lassen,
was unbegreiflich und unnahbar erscheint.
Wir haben viele Worte
und hören nicht das Entscheidende,
wir forschen und rätseln
und verharren in allem Suchen
in den Bildern und Vorstellungen
des einmal Gesagten und Bekannten,
leben in seiner Wärme, die uns ruhigstellt.

Nicht mehr Religion als Opium des Volkes,
sondern Brot und Spiele,
ein versüßter Alltag stellen ruhig.

Erscheinung des Herrn,
wie wir diesen Festtag nennen,
ist damit untrennbar verbunden,
beide Personengruppen, beide Haltungen
miteinander in Kontakt zu bringen.
Die Himmelsdeuter
brauchen die Weissagungen der Vergangenheit,
und die Erdverhafteten
brauchen die vom aufgehenden Stern Geführten.
Die Sterndeuter
finden mit ihrem Stern nicht zum Kind
ohne die Worte der Schrift;
und die Forschenden blieben bei sich selbst
und ihrem Gelehrtentum,
blieben in der alltäglichen Wiederkehr
des immer Gleichen stecken,
ließen sie nicht das unbegreiflich von fern Leuchtende
an sich heran,
das für sie niemals verfügbar ist.

Von Hugo von Hofmannsthal
gibt es ein kleines starkes Wort; es lautet:
„Das kluge Kind:
‚Kannst du einen Stern anrühren?‘, fragt man es.
‚Ja‘, sagt es, neigt sich und berührt die Erde.“

Das geht noch tiefer in das Geheimnis unseres Glaubens,
die Gewissheit, dass die Erde selbst

der aufgehende Stern ist,
dass sie genug Botschaft bereithält, um zu finden.
Der echte Morgenstern, Christus,
ist nicht am Himmel zu finden,
sondern auf der Erde,
in unserem Fleisch und Blut.

Vom Bad im menschlichen Leben
Taufe des Herrn

Da könnte ich mich reinsetzen –
darin könnte ich baden:
Viele Menschen haben mindestens ein Leibgericht,
von dem sie nicht genug bekommen können.
Seltsam, dass wir uns mit dieser Redewendung
zumindest sprachlich in das hineinbegeben möchten,
was eigentlich in uns selbst hineinsoll,
schließlich würden wir uns ja nicht wirklich
in die Speisen hineinsetzen.

Gott tut es in seiner Menschwerdung:
Er setzt sich bei uns fest,
badet im menschlichen Leben,
gibt sich in unsere Zeit, in unser Leben hinein,
weil er unsere Zeit und unser Leben
in sich hineinlassen will.

Das Fest von der Taufe des Herrn
gibt uns dafür ein weiteres Wort:
eintauchen oder untertauchen.
Menschen tauchen unter,
wenn sie sich verbergen und verstecken wollen;
Gott taucht unter, weil er sich finden lassen will.
Menschen tauchen unter,
wenn sie Abstand brauchen und Erholung,
Gott taucht unter, weil er Nähe will.

Der Jordan allerdings bringt Kälte
ins warme Geschehen von Weihnachten,

denn das Eintauchen Jesu in den Fluss der Erde
wird zum Eintauchen in eine reißende Flut,
die ihm das Leben nimmt.
Ihn wird das Jordanwasser nicht beleben,
sein Eintauchen in unsere Geschichte
schnürt ihm buchstäblich die Luft ab.

Darum ist die Taufe Jesu
– wie unsere eigene Taufe auch –
mit dem Untertauchen und Wiederauftauchen
ein Bild für Tod und Auferstehung geworden.
Das Eintauchen in unsere Zeit und Geschichte hinein
ist der Beginn des Todes.
Mit der Geburt, mit dem ersten Moment unseres Daseins,
beginnt unsere Sterblichkeit.
Fast könnte man deshalb den Kopf in den Sand stecken,
dem Schöpfer die Eintrittskarte ins Leben zurückgeben.
Tatsächlich ist es ja mindestens eine Frage wert,
was dieses Leben mit seiner kurzen Dauer soll.
So reich uns auch das Geschenk anderer Menschen
und ihre Liebe machen,
einer geht immer zuerst –
und spätestens dann stellt sich massiv die Frage
nach dem Sinn und Unsinn unseres Lebens.
Ist das nicht Zynismus, der Liebe Glück erfahren zu dürfen,
wenn es nur begrenzte Dauer hat?

Das Geschehen der Taufe Jesu im Jordan,
das Geschehen unserer eigenen Taufe
lässt uns den Kopf nicht in den Sand stecken,
sondern den ganzen Menschen ins Wasser eintauchen.
Wasser bringt nicht vor allem den Tod,

Wasser bringt vor allem das Leben.
Dem Ein- und Untertauchen folgt das Auftauchen.

Jesus bietet uns mit seiner wie mit unserer Taufe
ein Bild an:
Dieses Bild zeigt unser Leben wie den Jordan,
wir tauchen ein ins Meer der Zeit,
das uns mit Sicherheit den Tod bringt.
Wenn wir uns nicht aufbäumen,
können wir uns dem nur beugen.
Manche nennen es Schicksal,
manche denken gar nicht nach.
Für Jesus wie für jeden,
der auf seinen Namen getauft ist,
ist es ein Beugen unter die Hand Gottes.
Denn die Hand des Täufers Johannes,
die Hand des taufenden Priesters
steht nicht für die eigene Hand,
sie steht für Gottes Hand.
Wer es so versucht,
erfährt sein Leben nicht nur als todbringenden Fluss;
er erfährt einen aufgerissenen Himmel
und den fernen Gott als nahen Vater.

Die Taufe verdichtet das ganze Leben,
sie verdichtet die ganze Ewigkeit.

... *wenn du kommst*

(Zwei abschließende und weiterführende Texte, inspiriert
von Silja Walters Gebet eines Klosters am Rande der Stadt)

Jemand muss da sein, wenn du kommst,

jemand muss mit dir rechnen inmitten der Wohnung.
Jemand muss nach dir Ausschau halten
zwischen Kochtöpfen und Kühlschrank,
zwischen Flur und Schlafzimmer.
Wer weiß denn schon, wo du auftauchst?

Jemand muss wachen an der Haustür.
Jemand muss dich kommen sehen
im Postboten, im überraschenden Besuch.
Jemand muss dich sehen in allem geschäftigen Treiben,
dich hören in der Pause, wenn alles schweigt.

Jemand muss doch bei der Tagesschau daran denken,
dass du in allem zugegen bist,
auch wenn wir unsere Zweifel haben
und die Nacht stärker scheint
als unser schwaches Glaubenslicht.

Herr, durch unseren Mund kommst du in die Welt,
durch allen guten Willen, der Menschen antreibt.
Du kommst in die Welt zu den Armseligen,
zu den Ungeliebten,
zu denen, die sich selbst nicht mögen,
die sich aufgegeben haben, das Leben genommen.
Du kommst leise –
und meistens merken wir nicht,
wenn du durch uns in die Welt kommst.
Wir versuchen zu glauben, dass du da bist
beim ersten Morgenlicht,

am Frühstückstisch und im Krankenzimmer,
dass es keinen Ort gibt, wo du nicht bist.

Und doch, Herr, wir dürfen es nicht verschweigen,
dass du uns fern bist, unfassbar und kaum zu glauben.
Wir würden lügen, wenn wir sagten,
jedes deiner Worte sagte uns zu, wäre uns verständlich.

Vielleicht singen wir nicht, wenn du kommst,
vielleicht schweigen wir oder sind eingeschlafen.
Nimm uns an, Herr, weil du Gott bist,
unendlich in der Nachsicht, selbstlos in der Liebe.

Jemand muss wach sein, Herr, wenn du kommst

Jemand muss dich wirklich glauben inmitten des Lebens.
Jemand muss nach dir Ausschau halten
zwischen Kopf und Fuß,
zwischen Herz und Nieren.
Wer weiß denn, wie du kommst?

Jemand muss wachen in der Herzenstür,
muss seine Antennen auf Empfang stellen
und seinem eigenen Leben trauen,
weil es dein Wort und Wille ist,
dein Werk und deine Vision.
Jemand muss weiter sehen, als das Auge reicht,
vom Hören zum Horchen kommen.

Herr, durch unseren Bauch kommst du in die Welt,
wie bei Maria.
Unser Bauchgefühl erzählt von dir.
Du kommst in die Welt,
und es verschlägt uns die Sprache:
Wir stammeln und reiben uns die Augen,
und am Ende, das kein Ende sein wird, sagen wir:
So war das also gedacht mit deiner Schöpfung,
mit den Menschen und mit uns? ...

Nein, wir können es nicht fassen, noch nicht;
wir spüren unsere Grenzen,
die nur du aufbrechen kannst.
Du kommst in die Welt wie die Jungfrau zum Kind.

Vielleicht bist du längst schon da,
stehst neben uns, wohnst mit uns;
und nicht wir sind die Wachsamen,
die auf dein Kommen warten,
sondern umgekehrt:
Du bist der Wachsame,
der auf unser Kommen wartet.

Weitere Titel von Bernd Mönkebüscher

… und sie wickelte ihn in Lumpen und Liebe
Neue Blicke auf Weihnachten

2. Aufl. · 80 Seiten · Broschur
ISBN 978-3-429-03742-0

… weil in der Herberge kein Platz für sie war
Weihnachtliche Willkommensgedanken

96 Seiten · Broschur
ISBN 978-3-429-03846-5

Man kann nicht an Gott glauben, ohne menschlich zu sein
Weihnachten zum Beispiel …

96 Seiten · Broschur
ISBN 978-3-429-04390-2

www.echter.de

zur Weihnachts-, Fasten- und Osterzeit